ED. PERELLÓ   LLIBRES
ACADÈMICS

AF234958

COCINA TRADICIONAL VALENCIANA

ED. PERELLÓ
LLIBRES ACADÈMICS

La Colección *Llibres Acadèmics* está destinada a la difusión de estudios, monografías, libros divulgativos, ensayos y textos de perfil académico.

Entre sus publicaciones más recientes destacan: *Curiosidades sobre Valencia*, de Ismael Martí; *Historia esencial de Valencia*, de Enrique Gallud; *Valencianos inmortales*, de Alejandro Alcalá; *Leyendas de Valencia*, de Ismael Martí; *La historia del Santo Grial*, de Lucía Fabra; *Valencia y sus herejes*, de Dulce María Alcaraz, entre otros...

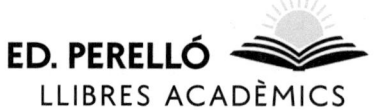

LUCÍA FABRA

Cocina tradicional valenciana

EDICIONS PERELLÓ

© Del texto: Lucía Fabra
© Ed. Perelló, SL, 2024

Calle de la Milagrosa Nº 26, Bajo
46009 – Valencia
e-mail: info@edperello.es
http://edperello.es

I.S.B.N.: 979-13-87576-10-3
Depósito legal: V-4735-2024

Impreso en España

Este libro ha sido impreso en papel
ecológico procedente de bosques sostenibles.

ÍNDICE

Introducción

Breve historia de la gastronomía valenciana

La cocina valenciana es una de las más ricas y diversas de España, profundamente influenciada por su ubicación geográfica y la confluencia de culturas que han habitado esta región a lo largo de los siglos. Desde los íberos, romanos y visigodos, hasta la larga influencia árabe y cristiana, la gastronomía valenciana es un mosaico de sabores y técnicas que han perdurado a lo largo del tiempo.

Los árabes introdujeron el cultivo del arroz en los humedales de la Albufera en el siglo VIII, transformando no solo el paisaje agrícola sino también el recetario de la región. Además del arroz, su influencia se dejó notar en el uso de almendras, azafrán y cítricos, ingredientes que se convertirían en parte fundamental de la cocina valenciana. Posteriormente, durante la Edad Media y el Renacimiento, las técnicas de conservación, como las salazones, se fueron perfeccionando, gracias a la proximidad de la costa y al acceso a pescado y marisco de calidad.

En la época moderna, con la llegada de productos del Nuevo Mundo, como el tomate y el pimiento, la gastronomía valenciana siguió evolucionando. Estos nuevos ingredientes se incorporaron rápidamente a los guisos tradicionales, dándole un colorido y una riqueza de sabores que se han convertido en seña de identidad de esta cocina.

Hoy en día, la cocina valenciana se reconoce internacionalmente por platos emblemáticos como la paella, pero detrás de este famoso plato hay un universo de recetas que reflejan la diversidad y la historia de la región.

LA INFLUENCIA MEDITERRÁNEA EN LOS SABORES

El Mediterráneo, con su clima suave y sus costas ricas en recursos naturales, ha moldeado el carácter de la cocina valenciana. Los productos frescos del mar, como las gambas, el calamar y las clóchinas, se mezclan armoniosamente con los ingredientes de la huerta valenciana, donde destacan el tomate, la alcachofa, el pimiento y la cebolla.

La dieta mediterránea, base de la alimentación en esta región, es sinónimo de salud y equilibrio. En ella predominan las verduras, legumbres, cereales, pescado y el aceite de oliva virgen extra, ingrediente fundamental en la cocina valenciana. Este aceite, conocido por su calidad y sus propiedades beneficiosas, es el alma de muchos de los platos más tradicionales, desde el simple "all i oli" hasta las elaboradas preparaciones de pescado y arroces. La proximidad al mar también ha fomentado una fuerte tradición marinera. Los pescados y mariscos, siempre frescos y de calidad, se preparan a la plancha, en guisos o acompañando los famosos arroces. Sin embargo, no solo el mar ha aportado riqueza a la gastronomía local; la huerta valenciana, regada por un sistema de acequias de origen árabe, proporciona una abundancia de verduras frescas y frutas que complementan perfectamente los sabores del Mediterráneo.

INGREDIENTES ESENCIALES: ARROZ, ACEITE DE OLIVA, MARISCOS Y VERDURAS

Arroz: El arroz es, sin duda, el ingrediente estrella de la cocina valenciana. Cultivado en las fértiles tierras de la Albufera, este cereal ha sido la base de innumerables recetas, desde la famosa paella hasta el arroz caldoso o el arroz al horno. La variedad más utilizada es el arroz bomba, que tiene la capacidad de absorber gran cantidad de caldo sin perder su textura firme.

Aceite de oliva: El aceite de oliva virgen extra, también conocido como "oro líquido", es fundamental en la cocina mediterránea y especialmente en la valenciana. Utilizado tanto para freír como para aderezar, su sabor afrutado y suave realza cualquier plato, desde las ensaladas hasta los guisos más elaborados.

Mariscos: La costa valenciana ofrece una variedad excepcional de mariscos, entre los que destacan las gambas rojas, las clóchinas (mejillones valencianos) y los langostinos de Vinaròs. Estos productos, siempre frescos, se cocinan de manera simple para realzar su sabor natural, o se incorporan a guisos y arroces, donde su esencia se impregna en cada grano.

Verduras: La huerta valenciana es generosa, y las verduras son protagonistas en la mayoría de los platos. Tomates maduros, pimientos asados, alcachofas tiernas y habas frescas son algunos de los ingredientes que llenan las recetas de color y sabor. Las verduras no solo se consumen como acompañamiento, sino que también juegan un papel clave en la creación de caldos y bases para los platos de arroz.

LA TRADICIÓN AGRÍCOLA Y MARINA DE LA COMUNIDAD VALENCIANA

La Comunidad Valenciana goza de una ubicación privilegiada entre el mar Mediterráneo y sus vastas tierras de cultivo, lo que ha permitido desarrollar una cocina que combina a la perfección lo mejor de la tierra y el mar. La Albufera de Valencia, una laguna de agua dulce situada cerca de la costa, ha sido históricamente el corazón del cultivo del arroz en España, mientras que los huertos que rodean la ciudad proporcionan una abundante cosecha de verduras frescas, frutas y legumbres.

La agricultura valenciana no solo ha sabido adaptarse a lo largo de los siglos, sino que ha perfeccionado técnicas que la hacen especialmente rica y variada. El sistema de riego árabe que aún se utiliza hoy en día, conocido como "la Huerta de Valencia", es un ejemplo de cómo la tradición ha perdurado y sigue alimentando tanto a los habitantes locales como a los visitantes. La pesca también ha sido un pilar fundamental de la economía y la gastronomía valencianas. Los pueblos costeros, desde el norte en Castellón hasta el sur en Alicante, han mantenido viva una tradición pesquera que proporciona a los mercados locales mariscos y pescados frescos diariamente. La mezcla de estos productos marinos con los ingredientes de la huerta ha dado lugar a algunos de los platos más representativos de la gastronomía valenciana, como el arroz a banda y la fideuá.

Entrantes y aperitivos

ALL I PEBRE

El **All i Pebre** es una receta tradicional de la Albufera de Valencia, donde las anguilas abundan en las aguas dulces de esta laguna. El plato surgió como una comida humilde de pescadores, quienes utilizaban los ingredientes locales más accesibles: anguilas, ajo y pimentón. Con el tiempo, el **All i Pebre** se ha convertido en uno de los platos más representativos de la gastronomía valenciana, y es muy apreciado en los pueblos cercanos a la Albufera, como El Palmar. Se cuenta que el escritor Vicente Blasco Ibáñez, amante de la cultura valenciana, era un gran defensor de este plato y lo mencionaba con frecuencia en sus reuniones literarias.

Lista de la compra

1 kg de anguilas frescas, limpias y troceadas
5 dientes de ajo
1 cucharada de pimentón dulce
1 guindilla (opcional)
1 hoja de laurel
500 g de patatas (opcional)
Aceite de oliva virgen extra
500 ml de agua o caldo de pescado

Preparación

1. Pela y corta los ajos en láminas finas. Si usas guindilla, córtala en rodajas.
2. En una cazuela grande, calienta aceite de oliva a fuego medio y añade los ajos laminados y la guindilla. Sofríe hasta que los ajos estén dorados, sin quemarse.
3. Añade el pimentón dulce y remueve rápidamente. Inmediatamente, agrega el agua o caldo de pescado para detener la cocción del pimentón.
4. Pela y corta las patatas en rodajas gruesas si decides usarlas. Añádelas junto con la hoja de laurel y cocina durante 10-15 minutos, hasta que las patatas estén casi tiernas.
5. Incorpora las anguilas troceadas y cocina a fuego medio durante unos 10-12 minutos, hasta que las anguilas estén bien cocidas y tiernas.
6. Ajusta la sal al gusto y sirve caliente.

Resultado

Un plato robusto, donde el sabor terroso de las anguilas se combina con el pimentón y el ajo, ofreciendo una experiencia intensa y reconfortante, perfecta para los días fríos.

ESGARRAET

El **Esgarraet** es una ensalada tradicional valenciana, cuyo origen se remonta a las zonas costeras de la región, donde el bacalao salado era una de las principales formas de conservar pescado. El plato debe su nombre a la forma en que se "desgarra" el bacalao y los pimientos con las manos, técnica que da un toque rústico a la receta. Se dice que fue popularizado por los pescadores y agricultores de la zona, y con el tiempo, se convirtió en un clásico en las mesas valencianas, apreciado incluso por nobles durante las fiestas locales.

Lista de la compra

4 pimientos rojos grandes
200 g de bacalao desalado y desmigado
3 dientes de ajo
Aceite de oliva virgen extra
Sal al gusto
Aceitunas negras (opcional)

Preparación

1. Asa los pimientos rojos enteros en el horno a 200ºC durante 40 minutos, girándolos a mitad de cocción. Cuando estén asados, colócalos en una bolsa de plástico cerrada durante 10 minutos para facilitar el pelado.
2. Pela los pimientos y desmenúzalos en tiras finas. Colócalos en una fuente.
3. Desmiga el bacalao desalado y añádelo a los pimientos.
4. Pela y pica los ajos finamente, luego agrégalos a la mezcla.
5. Rocía con abundante aceite de oliva virgen extra y ajusta la sal al gusto.
6. Si lo deseas, añade aceitunas negras como toque final.

Resultado

Una ensalada fresca y aromática, con la suavidad del pimiento asado y el toque salado del bacalao, perfecto como entrante o aperitivo ligero.

CLÓCHINAS A LA VALENCIANA

Las **Clóchinas** son los mejillones valencianos, más pequeños y sabrosos que los mejillones comunes. Su origen se remonta a la tradición pesquera de la región, particularmente en la costa de Valencia, donde se crían en bateas. La temporada de clóchinas va de mayo a agosto, cuando los marineros valencianos disfrutan de este manjar que, aunque humilde, tiene un sabor inconfundible. Antiguamente, las clóchinas eran un plato típico en las tabernas locales, donde se cocinaban al vapor con ingredientes sencillos para conservar su pureza de sabor.

Lista de la compra

1 kg de clóchinas (mejillones valencianos)
2 limones
2 hojas de laurel
Pimienta negra
Aceite de oliva virgen extra
2 dientes de ajo (opcional)

Preparación

1. Limpia bien las clóchinas, retirando las barbas y raspando las conchas para eliminar cualquier suciedad.
2. En una cazuela grande, coloca las clóchinas con un chorro de aceite de oliva, las hojas de laurel y pimienta negra al gusto.
3. Exprime el zumo de los limones sobre las clóchinas y añade los ajos pelados (opcional para un toque extra de sabor).
4. Cocina a fuego medio-alto, tapando la cazuela, hasta que las clóchinas se abran (aproximadamente 5 minutos). Agita la cazuela de vez en cuando para que se cocinen de manera uniforme.
5. Una vez abiertas, retíralas del fuego. Si alguna no se ha abierto, deséchala.

Resultado

Las clóchinas a la valenciana son un aperitivo fresco y sencillo, con un delicado sabor a mar realzado por el limón y las especias. Se sirven tradicionalmente acompañadas de un buen vino blanco local.

Ensalada valenciana

La **Ensalada valenciana** es un claro ejemplo de la frescura y simplicidad de la dieta mediterránea. En la huerta valenciana, los agricultores recogían los productos frescos del día para preparar una ensalada que acompañara las comidas principales. Esta ensalada, aunque sencilla, refleja la riqueza agrícola de la región. Grandes figuras de la historia, como el pintor Joaquín Sorolla, quien era oriundo de Valencia, solían disfrutar de esta ensalada como parte de sus comidas diarias.

Lista de la compra

1 lechuga romana
2 tomates maduros
1 cebolla
100 g de aceitunas (negras o verdes)
Aceite de oliva virgen extra
Vinagre de vino blanco o zumo de limón
Sal al gusto

Preparación

1. Lava bien la lechuga y córtala en trozos grandes. Colócala en una ensaladera.
2. Corta los tomates en rodajas o gajos y agrégalos a la ensaladera.
3. Pela la cebolla y córtala en finas rodajas. Incorpórala a la ensalada.
4. Añade las aceitunas al gusto.
5. Aliña con un generoso chorro de aceite de oliva virgen extra, vinagre o zumo de limón, y una pizca de sal. Remueve bien antes de servir.

Resultado

Una ensalada fresca y crujiente que resalta los sabores naturales de los productos de la huerta valenciana, perfecta para acompañar cualquier plato principal.

Titaina de caballa

La **Titaina** es un plato tradicional del barrio marinero de El Cabañal en Valencia. Su origen humilde proviene de los pescadores que aprovechaban las caballas y otros pescados de bajo coste para acompañar los productos de la huerta. La combinación de pimientos, tomates y caballa es sencilla pero exquisita, y este plato se ha convertido en un clásico en las casas valencianas, especialmente durante las celebraciones de Semana Santa.

Lista de la compra

2 pimientos rojos
2 pimientos verdes
4 tomates maduros
200 g de caballa en aceite (puede ser de conserva)
2 dientes de ajo
Aceite de oliva virgen extra
Sal al gusto

Preparación:

1. Lava y corta los pimientos en tiras finas.
2. Pela los ajos y córtalos en láminas.
3. En una sartén grande, calienta aceite de oliva y añade los ajos laminados. Cuando estén dorados, incorpora los pimientos y sofríe a fuego lento durante unos 10 minutos, hasta que estén tiernos.
4. Pela los tomates y rállalos o pícalos en trozos pequeños. Añádelos a la sartén y cocina a fuego lento durante unos 15 minutos, removiendo de vez en cuando.
5. Añade la caballa desmigada (si es de conserva, asegúrate de escurrirla bien) y cocina por unos 5 minutos más, para que los sabores se integren.
6. Ajusta la sal al gusto y sirve caliente o templado.

Resultado

Un plato de sabores intensos y textura suave, donde el dulzor de los pimientos y el tomate se mezcla con la caballa, creando un aperitivo perfecto para compartir.

ESPARDENYES

El nombre de este plato proviene de su similitud con las **espardenyes** (zapatos tradicionales de esparto) debido a la forma alargada de los calamares utilizados. Aunque es una receta sencilla, ha sido apreciada durante siglos por pescadores y marineros que, tras largas jornadas, cocinaban con los ingredientes más frescos y accesibles. Esta receta es muy popular en las zonas costeras de Valencia y Castellón.

Lista de la compra

500 g de calamares frescos, cortados en tiras
2 pimientos verdes
2 dientes de ajo
Aceite de oliva virgen extra
Sal y pimienta al gusto
Limón (opcional)

Preparación

1. Lava los calamares y córtalos en tiras.
2. Corta los pimientos en tiras finas.
3. En una sartén grande, calienta aceite de oliva a fuego medio-alto y añade los ajos picados. Sofríe hasta que estén dorados.
4. Añade los pimientos verdes y saltea durante unos 5 minutos, hasta que estén tiernos.
5. Incorpora las tiras de calamar a la sartén y cocina durante 3-4 minutos, removiendo con frecuencia. Los calamares deben quedar tiernos, pero no duros.
6. Ajusta la sal y la pimienta al gusto. Puedes añadir un chorrito de limón antes de servir para darle un toque fresco.

Resultado

Un plato ligero y sabroso, donde la combinación del calamar y el pimiento verde crea un equilibrio perfecto de texturas y sabores.

Sepia a la plancha con alioli

La **sepia a la plancha** es un clásico de la gastronomía valenciana, servida en casi todas las terrazas y restaurantes del litoral mediterráneo. Su popularidad se debe a su simplicidad: la sepia se cocina a la plancha y se acompaña de alioli, una salsa tradicional de ajo y aceite. La sepia ha sido consumida desde tiempos romanos, cuando los habitantes de la costa la pescaban para su propio consumo. Se dice que esta preparación era uno de los platos favoritos de los marineros que volvían a casa después de una larga jornada en el mar.

Lista de la compra

500 g de sepia limpia
Aceite de oliva virgen extra
Sal al gusto
Perejil picado (opcional)
Para el alioli:
2 dientes de ajo
100 ml de aceite de oliva virgen extra
1 yema de huevo (opcional)

Preparación

1. Calienta una plancha o sartén grande a fuego alto con un poco de aceite de oliva.
2. Limpia la sepia y córtala en tiras gruesas o déjala entera si es pequeña.
3. Cocina la sepia en la plancha durante unos 2-3 minutos por cada lado, hasta que esté dorada. No la cocines demasiado tiempo para evitar que quede dura.
4. Mientras tanto, prepara el alioli. En un mortero, machaca los dientes de ajo con una pizca de sal hasta obtener una pasta. Luego, añade el aceite de oliva poco a poco mientras sigues mezclando para emulsionar la salsa. Si prefieres una textura más suave, puedes añadir una yema de huevo para facilitar la emulsión.
5. Sirve la sepia caliente, rociada con un poco de perejil picado (opcional) y acompañada del alioli casero.

Resultado

Un plato sencillo pero delicioso, donde la sepia a la plancha conserva su sabor fresco a mar, realzado por el toque potente del alioli.

Arroces típicos de Valencia

(Para 4 personas)

PAELLA VALENCIANA

La **Paella Valenciana** es el plato más emblemático de la región, y uno de los más conocidos a nivel internacional. Originaria de la zona rural de la Albufera, la paella nació como una comida de campo, preparada por los agricultores con ingredientes locales como el arroz, el pollo y el conejo. Tradicionalmente, se cocinaba en una paellera (de donde toma su nombre) sobre fuego de leña, y con el tiempo se fue perfeccionando hasta convertirse en el símbolo gastronómico que es hoy.

Lista de la compra

400 g de arroz bomba
1/2 pollo troceado y 1/2 conejo troceado
100 g de judía verde plana (ferraura)
100 g de garrofón (judión)
1 tomate maduro rallado
1 diente de ajo
1 cucharadita de pimentón dulce
Hebras de azafrán o colorante alimentario
Aceite de oliva virgen extra y sal
Agua o caldo (aproximadamente 1,5 litros)
Ramitas de romero (opcional)

Preparación:

1. En la paellera, añade un buen chorro de aceite de oliva y calienta a fuego medio. Sofríe el pollo y el conejo hasta que estén bien dorados.
2. Añade la judía verde y el garrofón y sofríelos durante unos minutos junto a la carne.
3. Incorpora el ajo picado y el tomate rallado, dejando que se sofría unos minutos más.
4. Añade el pimentón dulce y remueve rápidamente para que no se queme.
5. Vierte el agua o el caldo (el doble y un poco más de la cantidad de arroz) y lleva a ebullición. Añade sal y las hebras de azafrán o colorante.
6. Cocina a fuego lento durante unos 30 minutos para que los sabores se integren.
7. Vierte el arroz de manera uniforme en la paellera y ajusta el fuego para que el caldo se absorba lentamente. No remuevas el arroz una vez añadido.
8. Deja cocer unos 18 minutos hasta que el arroz esté en su punto. Si te gusta, puedes añadir una ramita de romero al final de la cocción para aromatizar.
9. Deja reposar unos minutos antes de servir.

Resultado

Una paella con sabores intensos de campo, donde el arroz absorbe todos los jugos de la carne y las verduras, resultando en un plato equilibrado y lleno de tradición.

Paella con Caracoles

Los caracoles eran una proteína comúnmente aña-
dida a la paella en las zonas rurales donde la caza y re-
colección eran parte de la vida diaria. Este ingrediente
aportaba un sabor distintivo y terroso que, combinado
con las hierbas locales, le daba un toque único a la
paella.

Lista de la compra

400 g de arroz bomba
1/2 pollo troceado
1/2 conejo troceado
150 g de caracoles limpios
100 g de judía verde plana (ferraura)
100 g de garrofón
1 tomate maduro rallado
1 cucharadita de pimentón dulce
Hebras de azafrán o colorante alimentario
Aceite de oliva virgen extra
Sal
Agua o caldo (aproximadamente 1,5 litros)
Ramitas de romero o tomillo

Preparación

1. Sofríe el pollo y el conejo en la paellera con aceite de oliva, dorándolos por todos lados.
2. Añade las judías verdes, el garrofón y los caracoles, y sofríe todo junto.
3. Incorpora el tomate rallado y el pimentón, removiendo para que no se queme.
4. Añade el agua o caldo, las hebras de azafrán y una pizca de sal. Deja hervir unos 30 minutos a fuego medio para que se cocinen bien los caracoles y la carne.
5. Añade el arroz de manera uniforme en la paellera y cocina a fuego fuerte durante los primeros minutos.
6. Baja el fuego y deja que el arroz absorba el caldo durante unos 18 minutos. Añade una ramita de romero o tomillo durante los últimos minutos.
7. Deja reposar antes de servir.

Resultado

Una versión de la paella con un sabor más profundo y terroso, gracias a los caracoles y las hierbas frescas, perfecta para los amantes de los sabores tradicionales.

ARROZ A BANDA

El **Arroz a Banda** es originario de las comunidades pesqueras de la costa valenciana. Era un plato humilde que los pescadores cocinaban con el arroz cocido en el caldo de pescado que les sobraba después de hervir el pescado más pequeño y poco apreciado. El arroz se servía "a banda" (aparte) del pescado, de ahí su nombre. Con el tiempo, se convirtió en una receta muy apreciada en toda la región.

Lista de la compra

400 g de arroz bomba
1 kg de pescado de roca (Rape, gallineta...)
200 g de gambas
1 sepia o calamar
2 tomates rallados
1 pimiento choricero
1 cucharadita de pimentón dulce
Aceite de oliva virgen extra
3 dientes de ajo
Hebras de azafrán
Sal
1,5 litros de agua o caldo de pescado

Preparación

1. Prepara un caldo de pescado con el pescado de roca, las espinas y las cabezas de las gambas, cocinándolo en agua durante 30 minutos. Cuela y reserva el caldo.
2. En la paellera, sofríe el ajo picado, las gambas peladas y la sepia troceada.
3. Añade los tomates rallados y el pimentón, sofriendo bien la mezcla.
4. Incorpora el arroz y sofríelo unos minutos para que se impregne de los sabores.
5. Añade el caldo de pescado caliente (el doble de la cantidad de arroz) y las hebras de azafrán. Cocina a fuego medio durante 18 minutos, ajustando la sal.
6. Deja reposar unos minutos antes de servir. El pescado se puede servir aparte, acompañado de un buen alioli.

Resultado

Un arroz lleno de sabor a mar, ligero y sabroso, donde cada grano absorbe los matices del caldo de pescado.

Arroz al Horno

El **Arroz al Horno** es un plato típico de la provincia de Valencia, originado como una forma de aprovechar las sobras del cocido. Antiguamente, las familias llevaban los ingredientes a los hornos de las panaderías, donde se cocinaba este arroz en cazuelas de barro. Este método de cocción al horno le da al arroz una textura única, con una capa superior ligeramente crujiente.

Lista de la compra

400 g de arroz bomba
4 costillas de cerdo
2 morcillas de cebolla
150 g de garbanzos cocidos
2 tomates
1 patata grande
1 cabeza de ajos entera
1 cucharadita de pimentón dulce
750 ml de caldo de cocido o agua
Aceite de oliva virgen extra
Sal

Preparación

1. En una cazuela de barro, sofríe las costillas de cerdo hasta que estén doradas. Añade las morcillas y retíralas cuando estén doradas para que no se deshagan.
2. Pela la patata, córtala en rodajas gruesas y fríelas ligeramente en el mismo aceite.
3. Sofríe el tomate cortado en rodajas y los garbanzos.
4. Añade el arroz, el pimentón y el caldo caliente. Remueve bien y distribuye todo de manera uniforme en la cazuela.
5. Coloca las morcillas, la cabeza de ajos entera y las rodajas de patata por encima.
6. Cocina en el horno precalentado a 200°C durante 20-25 minutos, hasta que el arroz esté hecho y tenga una capa dorada en la superficie.
7. Deja reposar unos minutos antes de servir.

Resultado

Un plato contundente y sabroso, donde los sabores del cerdo, las morcillas y los garbanzos se integran perfectamente en el arroz, con una textura crujiente en la parte superior.

Arroz del Senyoret

El **Arroz del Senyoret** (del "señorito") es una variante de los arroces marineros que se popularizó en las zonas costeras de la Comunidad Valenciana. Su nombre hace referencia a que todos los mariscos vienen pelados, de manera que el "señorito" no tiene que ensuciarse las manos para comerlos. Este plato es ideal para disfrutar del sabor a mar sin la necesidad de pelar gambas o retirar conchas.

Lista de la compra

400 g de arroz bomba
200 g de gambas peladas
200 g de calamares o sepia troceada
150 g de mejillones (sin concha)
1 tomate rallado
1 pimiento verde
3 dientes de ajo
1 cucharadita de pimentón dulce
1 litro de caldo de pescado
Aceite de oliva virgen extra
Hebras de azafrán o colorante alimentario
Sal al gusto

Preparación

1. En una paellera, sofríe el ajo picado y el pimiento verde troceado en aceite de oliva hasta que estén dorados.
2. Añade las gambas, los calamares y los mejillones, y sofríelos durante unos minutos hasta que los mariscos tomen color.
3. Incorpora el tomate rallado y el pimentón, removiendo rápidamente para evitar que se queme.
4. Añade el arroz y sofríelo ligeramente para que absorba los sabores.
5. Vierte el caldo de pescado caliente y las hebras de azafrán. Ajusta la sal al gusto.
6. Cocina a fuego medio durante unos 18 minutos, hasta que el arroz haya absorbido el caldo.
7. Deja reposar unos minutos antes de servir.

Resultado

Un arroz con marisco suave, pero lleno de sabor, donde cada bocado ofrece la esencia del mar sin la molestia de las conchas.

Arroz con Bogavante

El **Arroz con Bogavante** es un plato de lujo que se ha convertido en sinónimo de celebración. Aunque no es originario de Valencia, se ha adoptado con entusiasmo por la tradición arrocera de la región. El bogavante, un crustáceo muy apreciado, aporta un sabor marino profundo que impregna todo el arroz.

Lista de la compra

1 bogavante (fresco o congelado)
400 g de arroz bomba
1 tomate rallado
1 pimiento rojo
2 dientes de ajo
1 litro de caldo de pescado
1 cucharadita de pimentón dulce
Aceite de oliva virgen extra
Hebras de azafrán
Sal al gusto

Preparación

1. Trocea el bogavante (con cabeza y cuerpo) y reserva.
2. En una paellera, sofríe el ajo y el pimiento troceado en aceite de oliva.
3. Añade el tomate rallado y el pimentón, removiendo para integrar.
4. Incorpora el bogavante troceado y sofríelo durante unos minutos para que libere su sabor.
5. Añade el arroz y sofríelo ligeramente. Vierte el caldo caliente, el azafrán y ajusta la sal.
6. Cocina a fuego medio durante unos 18 minutos hasta que el arroz esté hecho.
7. Deja reposar y sirve.

Resultado

Un arroz impregnado de un intenso sabor a mar, con la carne del bogavante como protagonista.

Arroz con Costra

El **Arroz con Costra** es un plato típico de las regiones de Alicante y Elche. Este arroz al horno se distingue por la capa de huevo batido que cubre el arroz, creando una costra dorada y crujiente. Originalmente, este plato se cocinaba en los hornos de leña, y su popularidad ha perdurado a lo largo de los siglos.

Lista de la compra

400 g de arroz bomba
200 g de costillas de cerdo
2 morcillas
2 longanizas
6 huevos batidos
1 tomate rallado
1 cucharadita de pimentón dulce
750 ml de caldo de carne
Aceite de oliva virgen extra
Sal al gusto

Preparación

1. En una cazuela de barro, sofríe las costillas de cerdo, las morcillas y las longanizas troceadas.
2. Añade el tomate rallado y el pimentón, removiendo bien.
3. Incorpora el arroz y sofríelo ligeramente.
4. Vierte el caldo caliente y ajusta la sal. Cocina a fuego medio hasta que el arroz absorba el caldo.
5. Bate los huevos y viértelos por encima del arroz. Lleva la cazuela al horno precalentado a 200°C durante 15 minutos, hasta que el huevo se dore y forme una costra crujiente.
6. Sirve caliente.

Resultado

Un plato contundente y sabroso, donde la costra de huevo añade un toque especial al arroz, con los sabores profundos de las morcillas y las longanizas.

Arroz Caldoso

El **Arroz Caldoso** es una de las recetas más apreciadas de la cocina marinera valenciana. Se sirve con un caldo abundante que impregna el arroz con los sabores del mar, haciéndolo ideal para los meses más fríos. Su origen está en las comidas humildes de los pescadores que cocinaban el arroz en el mismo caldo donde hervían el pescado.

Lista de la compra

400 g de arroz bomba
1 kg de pescado de roca (cabracho, rape, etc.)
200 g de gambas
1 sepia troceada
2 tomates rallados
1 pimiento verde
3 dientes de ajo
1 litro de caldo de pescado
Hebras de azafrán
Aceite de oliva virgen extra
Sal al gusto

Preparación

1. Prepara un caldo de pescado con el pescado de roca y las cabezas de las gambas.
2. Sofríe los ajos, el pimiento y la sepia en una cazuela con aceite.
3. Añade los tomates rallados y el arroz, y sofríelos brevemente.
4. Vierte el caldo caliente y cocina a fuego medio durante unos 15-18 minutos. Añade las gambas al final.
5. Sirve el arroz caldoso inmediatamente.

Resultado

Un arroz cremoso con un profundo sabor a mar, ideal para quienes disfrutan de un plato reconfortante y sabroso.

ARROZ NEGRE

El **Arroz Negre** es una variante de los arroces marineros, en el que la tinta del calamar se utiliza para teñir el arroz de un color negro intenso. Este plato ha sido una delicia para los amantes del marisco durante siglos, ya que la tinta aporta un sabor umami único y delicioso.

Lista de la compra

400 g de arroz bomba
2 calamares limpios (incluida la tinta)
1 sepia troceada
200 g de gambas peladas
1 tomate rallado
1 litro de caldo de pescado
1 cucharadita de pimentón dulce
Aceite de oliva virgen extra
Sal

Preparación

1. Sofríe los calamares y la sepia en una paellera con aceite.
2. Añade el tomate rallado y el pimentón. Incorpora el arroz y sofríelo.
3. Disuelve la tinta de calamar en el caldo caliente y añádelo al arroz.
4. Cocina a fuego medio durante unos 18 minutos.
5. Sirve con alioli para realzar el sabor.

Resultado

Un arroz de sabor intenso, donde la tinta de calamar aporta una profundidad única y un color inconfundible.

ARROZ DE PATO Y SETAS

El **Arroz de Pato y Setas** es un plato más reciente, pero que ha ganado popularidad en la cocina valenciana por su combinación de ingredientes de montaña. Este arroz fusiona el sabor intenso del pato con la terrosidad de las setas, creando un plato ideal para el otoño.

Lista de la compra

400 g de arroz bomba
1 magret de pato
200 g de setas variadas
1 cebolla
1 tomate rallado
1 litro de caldo de ave
Aceite de oliva virgen extra
Sal y pimienta al gusto

Preparación

1. Marca el magret de pato en una sartén, reservando la grasa que suelte.
2. En la misma grasa, sofríe la cebolla picada y las setas.
3. Añade el tomate rallado y el arroz, sofríelos brevemente.
4. Vierte el caldo caliente y ajusta la sal.
5. Cocina a fuego medio durante 18 minutos.
6. Corta el magret en rodajas y colócalo sobre el arroz al final de la cocción.

Resultado

Un arroz lleno de sabor otoñal, donde la jugosidad del pato complementa perfectamente la terrosidad de las setas.

ARROZ DE MONTAÑA

Este arroz es típico de las zonas montañosas de Valencia, donde la caza y las setas son ingredientes habituales. Se trata de un plato contundente y sabroso, perfecto para los meses más fríos.

Lista de la compra

400 g de arroz bomba
300 g de carne de conejo o jabalí
200 g de setas variadas
1 cebolla
1 tomate rallado
1 litro de caldo de carne
Aceite de oliva virgen extra
Sal y pimienta

Preparación

1. Sofríe la carne en una cazuela con aceite hasta que esté dorada.
2. Añade la cebolla picada y las setas, y sofríelas.
3. Incorpora el tomate rallado y el arroz, removiendo bien.
4. Vierte el caldo caliente y cocina durante 18 minutos.
5. Sirve caliente.

Resultado

Un arroz contundente y lleno de sabor, donde la carne de caza y las setas se combinan en un plato rústico y delicioso.

Arroz de Bacalao y Coliflor

El **Arroz de Bacalao y Coliflor** es un plato tradicional valenciano que combina el bacalao salado, un ingrediente básico en las cocinas del interior, con la coliflor, creando un plato sencillo pero muy sabroso.

Lista de la compra

400 g de arroz bomba
200 g de bacalao desalado
1 coliflor pequeña troceada
1 tomate rallado
2 dientes de ajo
1 litro de caldo de pescado
Aceite de oliva virgen extra
Sal

Preparación

1. Sofríe el ajo y el bacalao en una paellera.
2. Añade la coliflor troceada y el tomate rallado.
3. Incorpora el arroz y sofríelo.
4. Vierte el caldo caliente y cocina durante 18 minutos.

Resultado

Un arroz suave y cremoso, con un equilibrio perfecto entre la textura de la coliflor y el sabor salado del bacalao.

ARROZ DE VERDURAS

El **Arroz de Verduras** es una celebración de la huerta valenciana. Sin necesidad de carne o pescado, este plato aprovecha las verduras frescas de temporada para crear un arroz ligero y saludable, ideal para vegetarianos.

Lista de la compra

400 g de arroz bomba
2 alcachofas troceadas
100 g de habas frescas
100 g de guisantes
1 pimiento verde
1 tomate rallado
1 litro de caldo de verduras
Aceite de oliva virgen extra
Sal y pimienta

Preparación

1. Sofríe las verduras en una paellera con aceite de oliva virgen extra.
2. Añade el tomate rallado y el arroz, sofriendo y removiéndolo bien.
3. Vierte el caldo caliente y cocina durante aproximadamente 18 minutos.
4. Ajusta la sal y deja reposar antes de servir.

Resultado

Un arroz fresco y ligero, lleno de sabor a huerta, ideal para quienes buscan una opción saludable y sabrosa.

FIDEUÁ DE GANDÍA

La **Fideuá** es originaria de Gandía, donde los pescadores la preparaban como una alternativa a la paella. Este plato se caracteriza por sustituir el arroz por fideos gruesos, cocinados en un caldo de pescado que les da un sabor intenso a mar.

Lista de la compra

400 g de fideos gruesos
200 g de gambas
200 g de calamares troceados
1 tomate rallado
1 litro de caldo de pescado
Aceite de oliva virgen extra
Sal y pimienta

Preparación

1. Sofríe las gambas y los calamares en una paellera con aceite de oliva virgen extra.
2. Añade el tomate rallado y los fideos, sofríelos ligeramente.
3. Vierte el caldo caliente y cocina hasta que los fideos hayan absorbido todo el caldo.
4. Sirve con alioli.

Resultado

Una fideuá con todo el sabor del mar, donde los fideos absorben el caldo de pescado, creando una textura única.

Pescado y Marisco

(Para 4 personas)

SUQUET DE PEIX

El **Suquet de peix** es un guiso tradicional de los pescadores valencianos y catalanes. "Suquet" viene de "suc", que en valenciano significa "jugo", lo que refleja la importancia del caldo en este plato. Era típico que los pescadores lo prepararan a bordo de sus embarcaciones con el pescado que no se vendía en el puerto.

Lista de la compra

1 kg de pescado de roca (Rape, cabracho...)
200 g de gambas o cigalas
2 patatas grandes
2 tomates rallados
1 pimiento rojo
3 dientes de ajo
1 cucharadita de pimentón dulce
1 hoja de laurel
Hebras de azafrán
1 vaso de vino blanco
Aceite de oliva virgen extra
Sal y pimienta al gusto
Perejil picado

Preparación

1. En una cazuela, sofríe los ajos laminados, el pimiento rojo troceado y el laurel en aceite de oliva.
2. Añade los tomates rallados y sofríe hasta que se reduzca. Luego, añade el pimentón y remueve rápidamente para que no se queme.
3. Vierte el vino blanco y deja que se evapore el alcohol.
4. Añade las patatas cortadas en rodajas gruesas y cúbrelas con agua o caldo de pescado caliente.
5. Cocina a fuego medio hasta que las patatas estén tiernas.
6. Añade el pescado troceado y las gambas, dejando que se cocine todo junto durante 10-12 minutos.
7. Añade las hebras de azafrán, salpimenta al gusto y espolvorea con perejil picado.
8. Sirve caliente con un buen trozo de pan para disfrutar del caldo.

Resultado

Un guiso sabroso, donde el caldo lleno de sabor a mar se impregna en las patatas y el pescado, creando una comida reconfortante y aromática.

CALDERETA DE PESCADO

La **Caldereta de pescado** es una receta que, al igual que el suquet, se originó a bordo de los barcos pesqueros. Los pescadores cocinaban en grandes "calderas" o "ollas" el pescado que no lograban vender. Con el paso del tiempo, este guiso se ha perfeccionado y se prepara con todo tipo de pescados y mariscos, aunque siempre manteniendo su esencia marinera.

Lista de la compra

1 kg de pescado de roca (Rape, merluza...)
200 g de mejillones
200 g de almejas
4 gambas grandes
2 patatas grandes
2 tomates rallados
1 cebolla
1 pimiento verde
3 dientes de ajo
1 vaso de vino blanco
1 litro de caldo de pescado
Aceite de oliva virgen extra
Perejil picado
Sal y pimienta al gusto

Preparación

1. En una cazuela grande, sofríe la cebolla, el pimiento y los ajos picados en aceite de oliva.
2. Añade los tomates rallados y cocina hasta que el sofrito esté bien reducido.
3. Incorpora el vino blanco y deja que se evapore.
4. Añade las patatas cortadas en rodajas y el caldo de pescado. Cocina hasta que las patatas estén tiernas.
5. Agrega el pescado troceado, los mejillones, las almejas y las gambas. Cocina durante unos 10-12 minutos.
6. Ajusta la sal y la pimienta al gusto. Espolvorea con perejil picado antes de servir.

Resultado

Una caldereta con sabores profundos del mar, donde el pescado y los mariscos se mezclan en un caldo rico y sabroso, ideal para compartir en familia.

Pulpo seco a la brasa con alioli

El **pulpo seco** es una tradición que proviene de las zonas costeras de la Comunidad Valenciana, en especial de Dénia. Los pescadores secaban el pulpo al sol para conservarlo, y luego lo cocinaban a la brasa, dándole un sabor único. Este plato es especialmente popular en las zonas turísticas, y suele servirse acompañado de alioli.

Lista de la compra

1 pulpo seco
Aceite de oliva virgen extra
Sal marina
Para el alioli:
2 dientes de ajo
100 ml de aceite de oliva virgen extra
1 yema de huevo (opcional)
Sal

Preparación

1. Rehidrata el pulpo seco sumergiéndolo en agua durante varias horas o toda la noche.
2. Escurre el pulpo y ásalo a la brasa o a la parrilla con un poco de aceite de oliva y sal marina, dándole vueltas hasta que esté dorado y crujiente.
3. Para hacer el alioli, machaca los ajos en un mortero con sal, y añade el aceite poco a poco hasta emulsionar. Si lo prefieres, puedes usar una yema de huevo para facilitar la emulsión.
4. Sirve el pulpo cortado en rodajas, acompañado del alioli.

Resultado

Un plato rústico y delicioso, donde el sabor ahumado del pulpo a la brasa se combina perfectamente con la intensidad del alioli, creando una experiencia gastronómica mediterránea única.

SEPIA EN SU TINTA

La **Sepia en su tinta** es una receta marinera clásica, originaria de la costa mediterránea, donde se aprovecha la tinta de la sepia para darle un sabor profundo y característico. Este plato se ha convertido en un favorito de las tabernas y restaurantes costeros por su sabor único.

Lista de la compra

800 g de sepia limpia (incluyendo la tinta)
2 cebollas
2 tomates rallados
3 dientes de ajo
1 vaso de vino blanco
1 hoja de laurel
Aceite de oliva virgen extra
Sal y pimienta al gusto

Preparación

1. Sofríe la cebolla y el ajo picados en una cazuela con aceite de oliva.
2. Añade los tomates rallados y cocina hasta que se reduzca.
3. Incorpora la sepia troceada y sofríela durante unos minutos.
4. Añade el vino blanco y deja que se evapore.
5. Disuelve la tinta de la sepia en un poco de agua caliente y añádela a la cazuela junto con el laurel.
6. Cocina a fuego lento durante unos 20 minutos, ajustando la sal y la pimienta al gusto.

Resultado

Un plato lleno de sabor y con una textura tierna, donde la tinta de la sepia añade una profundidad única al plato.

GAMBAS A LA PLANCHA CON SAL MARINA

Las **gambas a la plancha** son una receta básica de la cocina mediterránea, pero su simplicidad es lo que las hace destacar. Se cree que esta preparación se popularizó en las zonas costeras, donde las gambas frescas estaban disponibles y no necesitaban más que un poco de sal y una cocción rápida para realzar su sabor natural.

Lista de la compra

500 g de gambas frescas
Sal marina gruesa
Aceite de oliva virgen extra
Limón (opcional)

Preparación

1. Calienta una plancha o sartén a fuego alto con un poco de aceite de oliva.
2. Coloca las gambas en la plancha y espolvorea con sal marina gruesa.
3. Cocina las gambas durante 2-3 minutos por cada lado, hasta que estén doradas y crujientes.
4. Sirve las gambas con una rodaja de limón.

Resultado

Un plato sencillo pero delicioso, donde las gambas frescas conservan todo su sabor natural, realzado por la sal marina y el toque de la plancha.

Mejillones a la marinera

Los **mejillones a la marinera** son una receta clásica en la costa mediterránea, donde los mejillones frescos se cocinan en una salsa de tomate con un toque de vino blanco. Este plato se ha convertido en un habitual en bares y restaurantes debido a su sencillez y su sabor exquisito.

Lista de la compra

1 kg de mejillones frescos
1 cebolla
2 tomates rallados
3 dientes de ajo
1 vaso de vino blanco
1 hoja de laurel
Aceite de oliva virgen extra
Sal y pimienta al gusto

Preparación

1. Limpia bien los mejillones, retirando las barbas.
2. En una cazuela, sofríe la cebolla y los ajos picados en aceite de oliva.
3. Añade los tomates rallados y cocina hasta que la salsa espese.
4. Incorpora el vino blanco y la hoja de laurel, y deja que se reduzca un poco.
5. Añade los mejillones a la cazuela y cocina tapado hasta que se abran.
6. Ajusta la sal y la pimienta al gusto, y sirve inmediatamente.

Resultado

Un plato clásico y sencillo, donde los mejillones absorben los sabores de la salsa, resultando en una comida deliciosa y ligera.

Bacalao con pimientos asados

El **Bacalao con pimientos asados** es una receta sencilla pero muy sabrosa, típica de las regiones mediterráneas. El bacalao, un pescado que se conserva fácilmente en sal, ha sido un ingrediente básico en la dieta valenciana, especialmente durante los tiempos de cuaresma.

Lista de la compra

4 lomos de bacalao desalado
2 pimientos rojos grandes
1 diente de ajo
Aceite de oliva virgen extra
Perejil picado
Sal y pimienta al gusto

Preparación

1. Asa los pimientos rojos enteros en el horno a 200°C durante 30-40 minutos, girándolos para que se cocinen por todos lados.
2. Una vez asados, colócalos en una bolsa de plástico para que suden y sea más fácil pelarlos.
3. Pela los pimientos, córtalos en tiras y resérvalos.
4. En una sartén, cocina los lomos de bacalao con un poco de aceite de oliva a fuego medio, unos 3-4 minutos por cada lado.
5. Sirve el bacalao acompañado de los pimientos asados y rociado con un poco de aceite de oliva, ajo picado y perejil.

Resultado

Un plato ligero y lleno de sabor, donde la suavidad del bacalao se complementa perfectamente con el dulzor de los pimientos asados.

Platos de Carne

(Para 4 personas)

CONEJO AL AJILLO

El **Conejo al ajillo** es uno de los platos más emblemáticos de la gastronomía de las zonas rurales de Valencia. El conejo, abundante en las montañas y campos valencianos, ha sido parte de la dieta campesina desde tiempos inmemoriales. Este plato, cocinado con ajo y hierbas, es un ejemplo perfecto de la cocina rústica, sencilla pero llena de sabor. Se dice que esta receta ha sido transmitida de generación en generación, especialmente entre las familias de agricultores.

Lista de la compra

1 conejo troceado
6 dientes de ajo
1 rama de romero fresco
1 hoja de laurel
1 vaso de vino blanco
Aceite de oliva virgen extra
Sal y pimienta al gusto

Preparación

1. En una sartén grande, calienta un buen chorro de aceite de oliva y dora los trozos de conejo por todos los lados.
2. Pela los ajos y añádelos enteros a la sartén junto con el laurel y el romero. Sofríe todo junto durante unos minutos.
3. Vierte el vino blanco y deja que se evapore el alcohol.
4. Cocina el conejo a fuego lento durante unos 25-30 minutos, removiendo de vez en cuando, hasta que la carne esté tierna. Si es necesario, añade un poco de agua o caldo para que no se seque.
5. Ajusta la sal y la pimienta al gusto.

Resultado

Un plato rústico y aromático, donde el conejo queda jugoso y lleno de sabor, impregnado del ajo y las hierbas.

EMBUTIDOS DE REQUENA

La región de Requena es famosa por sus embutidos, en especial las **longanizas** y **morcillas**, que han sido parte esencial de la dieta de esta zona durante siglos. La tradición de curar y embutir carnes es una práctica muy arraigada, y se ha perfeccionado con el tiempo. Estos embutidos no solo se consumen frescos, sino que también se utilizan en guisos y arroces, aportando un sabor inconfundible.

Lista de la compra

4 longanizas frescas
4 morcillas de cebolla
2 patatas grandes (opcional)
Aceite de oliva virgen extra
Pimiento verde y rojo (opcional)

Preparación

1. Calienta una sartén grande con un poco de aceite de oliva.
2. Pincha las longanizas y las morcillas para que no exploten durante la cocción.
3. Dora las longanizas y las morcillas a fuego medio, girándolas para que se cocinen uniformemente durante unos 10-12 minutos.
4. Si lo prefieres, puedes acompañarlas con patatas fritas o pimientos asados.

Resultado

Un plato sencillo y sabroso, donde los embutidos frescos de Requena aportan todo su sabor característico.

CALDERETA DE CORDERO

La **Caldereta de cordero** es un plato tradicional de las zonas montañosas de Valencia, especialmente en los pueblos de interior donde la ganadería ha sido una actividad clave. Este guiso, cocinado lentamente, es una receta campesina que se preparaba en grandes calderas para alimentar a las familias tras largas jornadas de trabajo en el campo. Su riqueza en sabor y su textura tierna hacen de la caldereta uno de los guisos más apreciados.

Lista de la compra

1 kg de cordero troceado
2 cebollas
2 zanahorias
4 patatas
3 dientes de ajo
1 vaso de vino tinto
1 hoja de laurel
1 rama de tomillo
Caldo de carne o agua
Aceite de oliva virgen extra
Sal y pimienta al gusto

Preparación

1. En una cazuela grande, dora el cordero en aceite de oliva por todos los lados.
2. Añade las cebollas, zanahorias y ajos picados, y sofríe todo junto durante unos minutos.
3. Vierte el vino tinto y deja que se evapore el alcohol.
4. Incorpora el laurel, el tomillo y las patatas cortadas en trozos.
5. Cubre con caldo de carne y cocina a fuego lento durante 1 hora, hasta que el cordero esté tierno.
6. Ajusta la sal y la pimienta al gusto antes de servir.

Resultado

Un guiso robusto, donde el cordero se cocina lentamente hasta que se deshace, acompañado de patatas que absorben todo el sabor del caldo.

PATO A LA NARANJA

El **Pato a la naranja** es una receta con raíces francesas que se ha adaptado a la cocina valenciana, especialmente en la región de la Albufera, donde se crían patos. La naranja, una de las frutas más emblemáticas de Valencia, añade un toque cítrico y dulce que contrasta perfectamente con la carne rica y jugosa del pato.

Lista de la compra

1 pato entero
4 naranjas (zumo y ralladura)
1 cebolla
2 zanahorias
1 vaso de vino blanco
Aceite de oliva virgen extra
Sal y pimienta al gusto
Tomillo fresco (opcional)

Preparación

1. Precalienta el horno a 180°C. Coloca el pato en una bandeja para hornear.
2. Rellena el interior del pato con una naranja cortada en trozos y un poco de tomillo fresco.
3. En un bol, mezcla el zumo de las otras tres naranjas, la ralladura, el vino blanco, sal y pimienta.
4. Unta el pato con esta mezcla y hornéalo durante 1 hora y 30 minutos, rociándolo con el jugo que suelte cada 20 minutos.
5. Sirve el pato acompañado de una salsa de naranja hecha con el jugo restante y un toque de miel, si lo deseas.

Resultado

Un plato elegante, donde la jugosidad del pato se combina con el dulzor ácido de las naranjas, creando un equilibrio de sabores espectacular.

GUISO DE ALBÓNDIGAS CON GARBANZOS Y ACELGAS

Este guiso es una receta tradicional de las zonas rurales, donde se mezclan ingredientes sencillos pero nutritivos como las albóndigas, los garbanzos y las acelgas. Este tipo de platos era muy común en las casas de los campesinos, que buscaban preparar comidas sustanciosas para toda la familia.

Lista de la compra

500 g de carne picada (mitad cerdo, mitad ternera)
1 huevo
1 cucharada de pan rallado
400 g de garbanzos cocidos
200 g de acelgas
1 cebolla
2 dientes de ajo
1 tomate rallado
1 hoja de laurel
Aceite de oliva virgen extra
Sal y pimienta al gusto

Preparación

1. En un bol, mezcla la carne picada con el huevo, el pan rallado, sal y pimienta. Forma pequeñas albóndigas.
2. En una cazuela, sofríe las albóndigas hasta que estén doradas y retíralas.
3. En la misma cazuela, sofríe la cebolla, el ajo y el tomate rallado.
4. Añade los garbanzos, las acelgas troceadas y la hoja de laurel. Cocina durante unos 10 minutos.
5. Incorpora las albóndigas de nuevo a la cazuela y cocina todo junto durante 15 minutos más.
6. Ajusta la sal y la pimienta al gusto antes de servir.

Resultado

Un guiso nutritivo y reconfortante, donde las albóndigas absorben el sabor de las verduras y los garbanzos, creando un plato completo y sabroso.

CARRILLADA DE CERDO CON PURÉ DE PATATAS

La **Carrillada de cerdo** es una pieza de carne muy apreciada por su textura melosa cuando se cocina a fuego lento. Este plato, tradicional en muchas regiones de España, ha ganado popularidad en los últimos años por la suavidad de la carne y su capacidad de absorber los sabores de las salsas. En la Comunidad Valenciana, es común acompañarlo con puré de patatas, que equilibra el plato.

Lista de la compra

500 g de carne picada (mitad cerdo, mitad
800 g de carrillada de cerdo
2 cebollas
2 zanahorias
1 vaso de vino tinto
1 vaso de caldo de carne
4 patatas
50 g de mantequilla
100 ml de leche
Aceite de oliva virgen extra
Sal y pimienta al gusto

Preparación

1. En una cazuela, dora las carrilladas en aceite de oliva por todos los lados y retíralas.
2. En la misma cazuela, sofríe la cebolla y la zanahoria picadas.
3. Añade el vino tinto y deja reducir. Luego, incorpora el caldo de carne y las carrilladas. Cocina a fuego lento durante 1 hora y media, hasta que la carne esté tierna.
4. Mientras tanto, cuece las patatas, pélalas y machácalas junto con la mantequilla y la leche hasta obtener un puré suave. Ajusta la sal al gusto.
5. Sirve la carrillada con su salsa y el puré de patatas como acompañamiento.

Resultado

Un plato jugoso y tierno, donde la carrillada se deshace en la boca y el puré de patatas añade un toque cremoso y reconfortante.

Verdura y Legumbres

(Para 4 personas)

OLLA DE RECAPTE

La **Olla de recapte** es un plato tradicional de las zonas rurales de Valencia. Originalmente, esta receta se preparaba con las sobras de otros guisos, combinando verduras de temporada y embutidos caseros para crear un potaje sustancioso y nutritivo. El nombre "recapte" hace referencia a "recoger" o "aprovechar" ingredientes disponibles. Este potaje era el alimento básico de las familias campesinas durante los meses de invierno, cuando se necesitaba una comida reconfortante y energética.

Lista de la compra

200 g de garbanzos cocidos
200 g de judías verdes
1 patata grande
1 calabacín
1 pimiento rojo
2 tomates rallados
1 morcilla de cebolla
1 chorizo o longaniza
1 hoja de laurel
Aceite de oliva virgen extra
Sal y pimienta al gusto

Preparación

1. En una olla grande, sofríe el pimiento rojo y el calabacín cortados en trozos en aceite de oliva.
2. Añade los tomates rallados y cocina hasta que se reduzcan.
3. Incorpora las patatas troceadas, las judías verdes y los garbanzos, junto con la hoja de laurel.
4. Cubre con agua y cocina a fuego medio durante 20-25 minutos, hasta que las verduras estén tiernas.
5. Añade la morcilla y el chorizo cortados en rodajas, y cocina 10 minutos más.
6. Ajusta la sal y la pimienta al gusto.

Resultado

Un potaje reconfortante y lleno de sabor, donde las verduras frescas y los embutidos se complementan para crear un plato completo y nutritivo.

PISTO VALENCIANO

El **Pisto valenciano** es una receta tradicional que aprovecha las verduras frescas de la huerta valenciana. Similar a otros pistos de la península, este guiso se ha convertido en una parte esencial de la cocina local, y suele servirse como acompañamiento o plato principal. El pisto es un reflejo de la dieta mediterránea: saludable, colorido y lleno de sabor.

Lista de la compra

2 tomates maduros
1 calabacín
1 berenjena
1 pimiento verde
1 pimiento rojo
1 cebolla
2 dientes de ajo
Aceite de oliva virgen extra
Sal y pimienta al gusto

Preparación

1. Corta todas las verduras en trozos medianos.
2. En una sartén grande, sofríe la cebolla y el ajo picados en aceite de oliva hasta que estén dorados.
3. Añade los pimientos y sofríelos durante 5 minutos.
4. Incorpora el calabacín, la berenjena y los tomates. Cocina a fuego medio durante 20 minutos, removiendo ocasionalmente, hasta que las verduras estén tiernas.
5. Ajusta la sal y la pimienta al gusto, y sirve el plato caliente.

Resultado

Un guiso sencillo, pero lleno de sabor, donde las verduras se cocinan lentamente para liberar todo su dulzor natural.

GUISO DE HABAS FRESCAS

Las **habas frescas** son uno de los ingredientes más típicos de la huerta valenciana, especialmente durante la primavera. Este guiso de habas se ha preparado tradicionalmente en las casas rurales de Valencia, aprovechando las habas tiernas recién recolectadas. Es un plato ligero pero lleno de sabor, ideal para acompañar otras comidas o como plato principal vegetariano.

Lista de la compra

500 g de habas frescas (peladas)
1 cebolla
2 dientes de ajo
1 hoja de laurel
1 vaso de vino blanco
Aceite de oliva virgen extra
Sal y pimienta al gusto
Perejil picado para decorar

Preparación

1. En una cazuela, sofríe la cebolla y el ajo picados en aceite de oliva hasta que estén dorados.
2. Añade las habas frescas y la hoja de laurel, y sofríe durante unos minutos.
3. Vierte el vino blanco y cocina a fuego lento durante 15-20 minutos, hasta que las habas estén tiernas.
4. Ajusta la sal y la pimienta al gusto.
5. Sirve el guiso con perejil picado por encima.

Resultado

Un plato ligero y primaveral, donde el sabor suave y delicado de las habas frescas es el protagonista.

ESPINACAS CON PASAS Y PIÑONES

Las **espinacas con pasas y piñones** es un plato muy popular en la cocina mediterránea. Aunque se prepara en diversas regiones, en Valencia ha sido un acompañamiento muy apreciado por su combinación de sabores dulces y salados. La tradición de mezclar espinacas con frutos secos y frutas secas proviene de la influencia árabe en la gastronomía local, donde era común mezclar ingredientes dulces y salados.

Lista de la compra

500 g de espinacas frescas
50 g de pasas
50 g de piñones
2 dientes de ajo
Aceite de oliva virgen extra
Sal al gusto

Preparación

1. En una sartén grande, sofríe los ajos picados en aceite de oliva.
2. Añade los piñones y las pasas, y sofríelos ligeramente hasta que los piñones estén dorados.
3. Incorpora las espinacas poco a poco, dejando que se reduzcan.
4. Cocina todo junto durante unos minutos hasta que las espinacas estén tiernas.
5. Ajusta la sal al gusto y sirve caliente.

Resultado

Un plato delicioso y equilibrado, donde el dulzor de las pasas contrasta con el sabor terroso de las espinacas y el toque crujiente de los piñones.

ALCACHOFAS AL HORNO CON AJO Y LIMÓN

Las **alcachofas** son una de las verduras más apreciadas de la huerta valenciana, especialmente en la zona de Benicarló, famosa por sus cultivos de alta calidad. Esta receta sencilla de alcachofas al horno con ajo y limón es una forma tradicional de disfrutar de esta verdura durante la temporada, resaltando su sabor natural con pocos ingredientes.

Lista de la compra

8 alcachofas
4 dientes de ajo
Zumo de 1 limón
Aceite de oliva virgen extra
Sal y pimienta al gusto

Preparación

1. Precalienta el horno a 180ºC.
2. Limpia las alcachofas quitando las hojas exteriores duras y corta las puntas. Haz un corte en cruz en la base.
3. Pela y corta los ajos en rodajas finas. Coloca una rodaja de ajo en el centro de cada alcachofa.
4. Rocía las alcachofas con el zumo de limón, salpimenta y añade un chorrito de aceite de oliva por encima.
5. Coloca las alcachofas en una bandeja para hornear y hornea durante 30-40 minutos, hasta que estén tiernas y doradas.
6. Sirve caliente o templado.

Resultado

Un plato sencillo pero lleno de sabor, donde la suavidad de las alcachofas se realza con el ajo y el toque cítrico del limón.

Alboroní

La **Alboronía** es un guiso tradicional que tiene sus raíces en la cocina andalusí, pero que también es popular en la Comunidad Valenciana. Este plato, compuesto por verduras como calabaza, garbanzos y berenjenas, es un ejemplo de la influencia árabe en la gastronomía local. Originalmente, se preparaba en las casas rurales para aprovechar las verduras de temporada.

Lista de la compra

200 g de calabaza pelada y cortada en cubos
1 berenjena
200 g de garbanzos cocidos
1 cebolla
2 tomates rallados
1 diente de ajo
1 cucharadita de comino molido
Aceite de oliva virgen extra
Sal y pimienta al gusto

Preparación

1. En una cazuela, sofríe la cebolla y el ajo picados en aceite de oliva hasta que estén dorados.
2. Añade la berenjena troceada y la calabaza, y sofríelas durante unos minutos.
3. Incorpora los tomates rallados, el comino y cocina durante 10 minutos, removiendo de vez en cuando.
4. Añade los garbanzos cocidos y cocina todo junto durante otros 10 minutos, ajustando la sal y la pimienta al gusto.
5. Sirve caliente, acompañado de pan o como plato principal.

Resultado

Un guiso suave y aromático, lleno de matices especiados, donde las verduras y los garbanzos se complementan perfectamente.

Postres y Dulces

(Para 4 personas)

Arnadí de calabaza

El **Arnadí** es un dulce típico de la región de Xàtiva, en Valencia, cuyo origen se remonta a la época andalusí. Se cree que este postre fue introducido por los árabes, quienes tenían una fuerte tradición repostera basada en ingredientes como la calabaza, la almendra y la miel. Con el tiempo, el Arnadí ha pasado a formar parte del patrimonio culinario valenciano, siendo muy apreciado durante la Semana Santa y las festividades locales.

Lista de la compra

500 g de calabaza
100 g de almendras molidas
100 g de azúcar
1 yema de huevo
Canela en polvo al gusto
Ralladura de limón
Almendras enteras para decorar

Preparación

1. Cocina la calabaza al vapor o en el horno hasta que esté tierna. Luego, tritúrala con un tenedor.
2. En un bol, mezcla la calabaza triturada con el azúcar, las almendras molidas, la yema de huevo, la ralladura de limón y la canela.
3. Coloca la mezcla en pequeños moldes de cerámica o cazuelitas individuales.
4. Decora con almendras enteras y hornea a 180°C durante unos 30 minutos, hasta que la superficie esté dorada.
5. Deja enfriar antes de servir.

Resultado

Un postre suave y aromático, donde el dulzor de la calabaza se mezcla con el toque crujiente de las almendras y el aroma de la canela.

Buñuelos de calabaza

Los **Buñuelos de calabaza** son un dulce tradicional valenciano, muy popular durante las Fallas. Esta receta, de origen humilde, se ha convertido en uno de los postres más esperados durante estas festividades. Se sirven recién fritos y se acompañan con una taza de chocolate caliente o café. La calabaza aporta un sabor suave y dulce a la masa, que es crujiente por fuera y tierna por dentro.

Lista de la compra

300 g de calabaza cocida
250 g de harina
25 g de levadura fresca
200 ml de agua tibia
1 cucharada de azúcar
Aceite de girasol para freír
Azúcar para espolvorear

Preparación

1. Tritura la calabaza cocida hasta obtener un puré.
2. En un bol, disuelve la levadura en el agua tibia. Añade el puré de calabaza y mezcla bien.
3. Incorpora la harina y el azúcar, y mezcla hasta obtener una masa homogénea. Deja reposar la masa tapada en un lugar cálido durante una hora, hasta que doble su volumen.
4. Calienta abundante aceite en una sartén. Con las manos ligeramente humedecidas, forma pequeñas porciones de masa y fríelas en el aceite caliente hasta que estén doradas por ambos lados.
5. Escurre los buñuelos sobre papel absorbente y espolvorea con azúcar antes de servir.

Resultado

Buñuelos dorados y crujientes por fuera, con un interior suave y esponjoso que conserva el dulzor de la calabaza.

TURRONES DE JIJONA Y ALICANTE

El **Turrón** es uno de los dulces más tradicionales de la Comunidad Valenciana, especialmente durante la Navidad. Se originó en Jijona y Alicante, y su historia se remonta al siglo XV, cuando los árabes introdujeron la receta de este dulce basado en almendras y miel. Existen dos variedades principales: el turrón de Jijona, que es blando y de textura pastosa, y el turrón de Alicante, que es duro y crujiente.

Lista de la compra

250 g de almendras crudas (para ambos tipos de turrón)
200 g de miel
100 g de azúcar
1 clara de huevo

Preparación turrón de Jijona

1. Tostar las almendras en una sartén o en el horno, removiendo de vez en cuando.
2. Tritura las almendras hasta obtener una pasta suave.
3. En una cazuela, calienta la miel y el azúcar. Cuando comience a hervir, añade la clara de huevo montada a punto de nieve y remueve bien.
4. Incorpora la pasta de almendras y mezcla todo bien hasta obtener una masa homogénea.
5. Vierte la mezcla en un molde forrado con papel de horno y presiona bien. Deja reposar durante unas horas antes de cortar.

Preparación turrón de Alicante

1. Tostar las almendras enteras.
2. En una cazuela, calienta la miel y el azúcar hasta que alcancen un punto de caramelo.
3. Añade las almendras enteras y mezcla bien.
4. Vierte la mezcla en un molde y deja enfriar hasta que endurezca.

Resultado

Dos turrones que representan la esencia de la Navidad valenciana, uno blando y otro crujiente, ambos con el sabor auténtico de las almendras y la miel.

Coca de llanda

La **Coca de llanda** es un bizcocho tradicional valenciano que se hornea en una bandeja de metal llamada "llanda". Este bizcocho es popular en cualquier época del año, aunque especialmente durante las meriendas y reuniones familiares. Su textura esponjosa y su sabor suave lo convierten en un dulce ideal para acompañar con un vaso de horchata o café.

Lista de la compra

3 huevos
250 g de azúcar
250 ml de leche
250 ml de aceite de girasol
400 g de harina
1 sobre de levadura química
Ralladura de 1 limón
Canela en polvo

Preparación

1. Precalienta el horno a 180°C y engrasa una bandeja de horno (llanda).
2. Bate los huevos con el azúcar hasta obtener una mezcla espumosa.
3. Añade la leche, el aceite y la ralladura de limón, y mezcla bien.
4. Tamiza la harina con la levadura y añade a la mezcla anterior poco a poco, batiendo hasta obtener una masa homogénea.
5. Vierte la masa en la llanda, espolvorea con canela y hornea durante 30-35 minutos, hasta que al pinchar con un palillo, este salga limpio.
6. Deja enfriar antes de cortar en porciones.

Resultado

Un bizcocho esponjoso, ligeramente aromatizado con limón y canela, ideal para disfrutar en cualquier momento del día.

Fartons con Horchata

Los **Fartons** son unos dulces alargados y esponjosos que se inventaron en la localidad de Alboraya en la década de 1960 para acompañar la **horchata de chufa**, la bebida tradicional valenciana. Este dúo inseparable es muy popular durante los meses de verano, cuando la horchata se sirve bien fría.

Lista de la compra

500 g de harina
100 g de azúcar
50 g de mantequilla
25 g de levadura fresca
200 ml de agua
2 huevos
Azúcar glas para espolvorear

Preparación

1. Disuelve la levadura en el agua tibia.
2. En un bol grande, mezcla la harina, el azúcar, los huevos, la mantequilla y la levadura disuelta. Amasa bien hasta obtener una masa suave y elástica.
3. Deja reposar la masa en un lugar cálido durante 1 hora, hasta que doble su tamaño.
4. Divide la masa en porciones alargadas y colócalas en una bandeja de horno forrada con papel.
5. Hornea a 180°C durante 12-15 minutos, hasta que estén dorados.
6. Deja enfriar y espolvorea con azúcar glas.

Resultado

Fartons ligeros y esponjosos, perfectos para mojar en un vaso de horchata fría, creando la combinación perfecta de dulce y refrescante.

COCA CRISTINA

La **Coca Cristina** es un dulce tradicional valenciano que se elabora principalmente con almendra molida, un ingrediente básico en la repostería de la región. Este postre se asocia con las festividades locales, especialmente en la época de Navidad. Su textura densa y su sabor suave lo convierten en un bocado delicioso.

Lista de la compra

200 g de almendra molida
200 g de azúcar
3 huevos
Ralladura de limón
Azúcar glas para decorar

Preparación

1. Precalienta el horno a 180ºC y engrasa un molde redondo.
2. Bate los huevos con el azúcar hasta que la mezcla esté esponjosa.
3. Añade la almendra molida y la ralladura de limón, mezclando suavemente.
4. Vierte la mezcla en el molde y hornea durante 30 minutos, hasta que esté dorado y firme al tacto.
5. Deja enfriar y espolvorea con azúcar glas antes de servir.

Resultado

Un postre de sabor delicado, donde la almendra es la protagonista, ideal para disfrutar con un café o té.

Mona de Pascua

La **Mona de Pascua** es un pan dulce decorado con huevos cocidos que los padrinos regalan a sus ahijados el Domingo de Pascua. Esta tradición, que se celebra en toda la Comunidad Valenciana, tiene sus raíces en las festividades religiosas, donde se celebra el fin de la Cuaresma con un dulce colorido y simbólico.

Lista de la compra

500 g de harina de fuerza
25 g de levadura fresca
100 g de azúcar
100 ml de leche
3 huevos (más 4 huevos cocidos para decorar)
50 g de mantequilla
Ralladura de limón

Preparación

1. Disuelve la levadura en la leche tibia.
2. En un bol grande, mezcla la harina, el azúcar, la ralladura de limón, los huevos y la mantequilla. Añade la levadura disuelta y amasa bien.
3. Deja reposar la masa durante 1 hora, hasta que doble su tamaño.
4. Divide la masa en pequeñas bolas y colócalas en una bandeja de horno. Coloca un huevo cocido en el centro de cada bola.
5. Hornea a 180°C durante 25-30 minutos, hasta que estén doradas.

Resultado

Un pan dulce y esponjoso, decorado con los tradicionales huevos de Pascua, que celebra la llegada de la primavera con sabor y color.

ROSCOS DE PASCUA

Los **Roscos de Pascua** son un dulce típico que se elabora durante las celebraciones de Semana Santa y Pascua. Estos roscos, aromatizados con anís y limón, se preparan en las casas valencianas como una tradición que se transmite de generación en generación. Se suelen regalar entre familiares y amigos, y se disfrutan en las meriendas y sobremesas durante las festividades religiosas.

Lista de la compra

500 g de harina
150 g de azúcar
150 ml de aceite de oliva suave
100 ml de anís dulce
2 huevos
Ralladura de 1 limón
1 sobre de levadura química
Azúcar glas para espolvorear

Preparación

1. Precalienta el horno a 180°C.
2. En un bol grande, bate los huevos con el azúcar hasta obtener una mezcla espumosa.
3. Añade el aceite de oliva, el anís y la ralladura de limón. Mezcla bien.
4. Tamiza la harina con la levadura y añádela poco a poco a la mezcla líquida, amasando hasta obtener una masa suave.
5. Forma roscos del tamaño deseado y colócalos en una bandeja de horno forrada con papel.
6. Hornea durante 15-20 minutos, hasta que estén dorados.
7. Deja enfriar y espolvorea con azúcar glas antes de servir.

Resultado

Roscos suaves y aromáticos, con el toque característico del anís y el limón, perfectos para acompañar con café o té durante las celebraciones pascuales.

COCA DE SANT JOAN

La **Coca de Sant Joan** es un bizcocho que se prepara tradicionalmente durante la festividad de San Juan, la noche del 23 al 24 de junio, para celebrar el solsticio de verano. Esta coca, decorada con frutas confitadas y piñones, tiene un simbolismo especial asociado a la abundancia y la prosperidad. Es muy popular en toda la Comunidad Valenciana y se suele compartir durante las hogueras de San Juan.

Lista de la compra

500 g de harina de fuerza
25 g de levadura fresca
100 g de azúcar
100 ml de leche
3 huevos
100 g de mantequilla
Ralladura de limón
Frutas confitadas (naranja, cerezas, etc.)
Piñones
Azúcar para espolvorear

Preparación

1. Disuelve la levadura en la leche tibia.
2. En un bol grande, mezcla la harina, el azúcar, los huevos, la ralladura de limón y la mantequilla. Añade la levadura disuelta y amasa hasta obtener una masa suave.
3. Deja reposar la masa durante 1 hora, hasta que doble su tamaño.
4. Extiende la masa sobre una bandeja de horno y decora con las frutas confitadas y los piñones. Espolvorea con azúcar.
5. Hornea a 180ºC durante 25-30 minutos, hasta que esté dorada.

Resultado

Un bizcocho festivo y colorido, ideal para compartir en la noche de San Juan, con el dulzor de las frutas confitadas y el toque crujiente de los piñones.

PASTISSETS DE BONIATO

Los **Pastissets de boniato** son un dulce tradicional valenciano que se prepara principalmente durante la Navidad. Estas empanadillas rellenas de boniato tienen una textura suave y un sabor delicadamente dulce, y son muy apreciadas en toda la región. Se cree que su origen está relacionado con la repostería conventual, donde las monjas utilizaban ingredientes locales como el boniato para preparar dulces sencillos pero exquisitos.

Lista de la compra

500 g de harina
150 g de azúcar
150 g de manteca de cerdo
1 huevo
200 g de puré de boniato
100 g de azúcar para el relleno
Canela al gusto
Azúcar glas para espolvorear

Preparación

1. En un bol grande, mezcla la harina con la manteca de cerdo, el azúcar y el huevo, y amasa hasta obtener una masa homogénea. Deja reposar 30 minutos.
2. Para el relleno, mezcla el puré de boniato con el azúcar y la canela.
3. Extiende la masa con un rodillo y corta círculos del tamaño deseado. Coloca una cucharadita de relleno en el centro de cada círculo y ciérralos formando empanadillas.
4. Hornea los pastissets a 180°C durante 20-25 minutos, hasta que estén dorados.
5. Espolvorea con azúcar glas antes de servir.

Resultado

Empanadillas crujientes por fuera y suaves por dentro, con el sabor dulce y especiado del boniato, perfectas para disfrutar en las fiestas navideñas.

PELADILLAS DE CASINOS

Las **Peladillas de Casinos** son almendras recubiertas de azúcar, típicas de la localidad de Casinos, en Valencia. Este dulce se asocia principalmente con las bodas y los bautizos, donde se regalan peladillas como símbolo de prosperidad. La elaboración de este dulce artesanal es una tradición que ha pasado de generación en generación, y la localidad de Casinos es famosa por la calidad de sus peladillas.

Lista de la compra

250 g de almendras crudas y peladas
200 g de azúcar
100 ml de agua

Preparación

1. En una cazuela, añade el agua y el azúcar, y lleva a ebullición hasta que el azúcar se disuelva.
2. Añade las almendras y remueve constantemente a fuego medio, hasta que el agua se evapore y el azúcar cristalice alrededor de las almendras.
3. Continúa removiendo hasta que el azúcar se derrita nuevamente y forme una capa lisa y brillante sobre las almendras.
4. Retira las almendras del fuego y deja enfriar sobre papel de horno.

Resultado

Almendras garrapiñadas con una capa crujiente y brillante de azúcar, ideales para regalar en ocasiones especiales o disfrutar como un dulce capricho.

PANELLETS DE ALMENDRA Y PIÑONES

Los **Panellets** son un dulce tradicional que se prepara principalmente para el Día de Todos los Santos en muchas regiones de España, incluida la Comunidad Valenciana. Se elaboran con una base de almendra y se cubren con piñones. Aunque su origen exacto es incierto, se cree que tienen raíces en la repostería conventual y en la influencia árabe, debido al uso de la almendra como ingrediente principal.

Lista de la compra

300 g de almendra molida
200 g de azúcar
1 huevo
Ralladura de limón
150 g de piñones
1 clara de huevo para pincelar

Preparación

1. En un bol, mezcla la almendra molida con el azúcar, el huevo y la ralladura de limón hasta formar una masa homogénea.
2. Forma pequeñas bolas con la masa y rebózalas en piñones, presionando ligeramente para que se adhieran.
3. Coloca los panellets en una bandeja de horno y pincela con clara de huevo para darles brillo.
4. Hornea a 180°C durante 12-15 minutos, hasta que los piñones estén dorados.

Resultado

Pequeñas delicias de almendra cubiertas de piñones, con un interior suave y un exterior crujiente, perfectas para celebrar el Día de Todos los Santos.

ROSCOS DE VINO

Los **Roscos de vino** son unas galletas tradicionales que se preparan principalmente durante la Navidad. Estas galletas, aromatizadas con vino dulce, tienen una textura crujiente y un sabor ligeramente anisado. Se cree que este dulce tiene sus orígenes en la repostería conventual, donde se utilizaban ingredientes sencillos pero de gran sabor para elaborar dulces festivos.

Lista de la compra

300 g de harina
100 g de azúcar
100 g de manteca de cerdo
100 ml de vino dulce
1 cucharadita de anís en grano
Azúcar glas para espolvorear

Preparación

1. En un bol, mezcla la harina con el azúcar, la manteca de cerdo, el vino dulce y el anís en grano, y amasa hasta obtener una masa suave.
2. Extiende la masa con un rodillo y corta círculos con un cortapastas. Haz un agujero en el centro para formar los roscos.
3. Coloca los roscos en una bandeja de horno y hornea a 180°C durante 15-20 minutos, hasta que estén dorados.
4. Deja enfriar y espolvorea con azúcar glas antes de servir.

Resultado

Galletas crujientes y aromáticas, con el toque distintivo del vino dulce y el anís, perfectas para disfrutar en las fiestas navideñas.

FLAN DE ALMENDRA

El **Flan de almendra** es una variante del clásico flan, pero enriquecido con almendra molida, lo que le da una textura más densa y un sabor delicioso. Este postre es típico de la zona de Alicante, donde las almendras son un ingrediente clave en la repostería. Es un flan suave y cremoso, ideal para finalizar una comida especial.

Lista de la compra

4 huevos
200 ml de leche
100 g de almendra molida
100 g de azúcar
Caramelo líquido para el molde

Preparación

1. Precalienta el horno a 160°C y cubre el fondo de un molde con caramelo líquido.
2. En un bol, bate los huevos con el azúcar hasta que estén bien mezclados.
3. Añade la leche y la almendra molida, y mezcla bien.
4. Vierte la mezcla en el molde caramelizado y hornea al baño maría durante 45 minutos, hasta que el flan esté cuajado.
5. Deja enfriar antes de desmoldar y servir.

Resultado

Un flan suave y cremoso con el toque delicado de la almendra, que lo convierte en un postre elegante y delicioso.

LECHE MERENGADA

La **Leche merengada** es una bebida fría y dulce que se disfruta especialmente durante los meses de verano en toda la Comunidad Valenciana. Su preparación se basa en leche aromatizada con canela y limón, a la que se le añade claras de huevo batidas, creando una textura suave y espumosa. Esta bebida es muy popular en las heladerías y es una excelente forma de refrescarse durante los días calurosos.

Lista de la compra

1 litro de leche
200 g de azúcar
1 rama de canela
Cáscara de 1 limón
2 claras de huevo
Canela en polvo para espolvorear

Preparación

1. En una cazuela, calienta la leche con el azúcar, la canela y la cáscara de limón. Lleva a ebullición y luego deja enfriar.
2. Cuela la leche y congélala durante 2 horas, removiendo de vez en cuando para que no se forme hielo.
3. Monta las claras de huevo a punto de nieve y añádelas a la leche, mezclando suavemente.
4. Sirve bien fría, espolvoreada con canela en polvo.

Resultado

Una bebida refrescante y espumosa, con un delicado aroma a limón y canela, perfecta para disfrutar en los días calurosos de verano.

Bebidas Tradicionales

(Para 4 personas)

AGUA DE VALENCIA

El **Agua de Valencia** es un cóctel icónico que se popularizó en los años 50 en el Café Madrid de Valencia. Se creó como una alternativa a las bebidas tradicionales, y su base de cava, zumo de naranja natural y licor lo convirtió en un cóctel refrescante y adecuado para las cálidas noches valencianas. Hoy en día, es una de las bebidas más solicitadas en la región, especialmente en las terrazas durante el verano.

Lista de la compra

500 ml de cava brut
500 ml de zumo de naranja natural
100 ml de vodka
100 ml de ginebra
Azúcar al gusto (opcional)
Hielo

Preparación

1. En una jarra grande, mezcla el cava con el zumo de naranja natural.
2. Añade el vodka y la ginebra, removiendo suavemente.
3. Si lo deseas, añade un poco de azúcar para endulzar al gusto.
4. Sirve el cóctel en copas, con hielo, y decora con rodajas de naranja.

Resultado

Un cóctel refrescante, burbujeante y con el toque cítrico de las naranjas valencianas, ideal para compartir en reuniones y celebraciones.

MISTELA

La **Mistela** es un vino dulce tradicional de la Comunidad Valenciana, elaborado a partir de mosto de uvas moscatel. Esta bebida ha sido parte de las costumbres locales desde hace siglos, y se sirve principalmente como postre o acompañando dulces típicos, como los turrones o las pastas navideñas. La mistela es muy apreciada por su dulzor natural y su aroma intenso a uvas maduras.

Lista de la compra

750 ml de mosto de uvas moscatel
250 ml de alcohol vínico (opcional, para fortificar)
Azúcar al gusto (opcional, si se desea más dulce)

Preparación

1. Si deseas fortificar la mistela, añade el alcohol vínico al mosto de uvas.
2. Deja reposar la mezcla en un lugar fresco y oscuro durante al menos dos semanas, para que se desarrollen los sabores.
3. Sirve bien fría en pequeños vasos como aperitivo o acompañando postres.

Resultado

Una bebida dulce y aromática, perfecta para los momentos especiales, con un sabor intenso a uvas moscatel.

CAZALLA

La **Cazalla** es un licor de anís que tiene su origen en la localidad andaluza de Cazalla de la Sierra, pero que fue adoptado rápidamente en la Comunidad Valenciana. Este licor fuerte y anisado se suele consumir en pequeñas dosis, generalmente después de las comidas, como digestivo. Durante siglos, la cazalla ha sido parte de las sobremesas en las zonas rurales valencianas.

Lista de la compra

750 ml de alcohol de orujo o aguardiente
200 g de semillas de anís
500 ml de agua
200 g de azúcar

Preparación

1. En un tarro de vidrio, mezcla el alcohol con las semillas de anís y deja macerar en un lugar oscuro durante dos semanas.
2. Una vez pasado el tiempo de maceración, filtra el alcohol para retirar las semillas de anís.
3. En una cazuela, disuelve el azúcar en el agua, calienta a fuego lento hasta obtener un jarabe.
4. Mezcla el jarabe con el alcohol macerado y embotella la cazalla.
5. Sirve en pequeños vasos, generalmente fría o a temperatura ambiente.

Resultado

Un licor potente y aromático, con el sabor característico del anís, ideal para disfrutar después de las comidas.

Horchata de chufa

La **Horchata de chufa** es una bebida tradicional valenciana elaborada a partir de chufas, un tubérculo que se cultiva principalmente en la comarca de l'Horta Nord. Esta bebida tiene sus raíces en la época de los árabes, quienes introdujeron el cultivo de la chufa en la región. La horchata es refrescante y ligeramente dulce, perfecta para combatir el calor durante los meses de verano, y suele acompañarse de fartons, un dulce esponjoso típico.

Lista de la compra

250 g de chufas secas
1 litro de agua
100 g de azúcar
Canela en polvo (opcional)
Cáscara de limón (opcional)

Preparación

1. Lava bien las chufas y déjalas en remojo en agua durante al menos 24 horas.
2. Escurre las chufas y tritúralas en una batidora con parte del agua hasta obtener una pasta fina.
3. Añade el resto del agua y mezcla bien.
4. Cuela la mezcla con un paño fino o colador para retirar los sólidos.
5. Añade el azúcar y remueve hasta que se disuelva. Puedes añadir canela o cáscara de limón si lo deseas.
6. Refrigera la horchata y sírvela bien fría.

Resultado

Una bebida refrescante y natural, con un sabor suave y ligeramente dulce, perfecta para los calurosos días de verano.

Vinos de la CC.VV

La Comunidad Valenciana cuenta con varias Denominaciones de Origen (D.O.) que certifican la calidad de sus vinos. Las más conocidas son **Utiel-Requena**, **Valencia** y **Alicante**, cada una con características únicas. La región de **Utiel-Requena** es famosa por sus vinos tintos robustos, elaborados principalmente con la variedad de uva Bobal. La **D.O. Valencia** ofrece una variedad de vinos blancos, rosados y tintos, destacando sus blancos aromáticos. La **D.O. Alicante**, por su parte, es conocida por el Fondillón, un vino dulce natural que ha sido apreciado por reyes y nobles desde hace siglos.

Vinos destacados

1. **Utiel-Requena**: Vinos tintos de uva Bobal, con cuerpo y sabor afrutado.
2. **Valencia**: Vinos blancos de moscatel, aromáticos y ligeros, ideales para acompañar pescados.
3. **Alicante**: Fondillón, un vino dulce envejecido, perfecto para maridar con quesos y postres.
4. **Maridaje:** Estos vinos se pueden disfrutar con una amplia variedad de platos valencianos, desde arroces hasta dulces, siendo perfectos para complementar cualquier comida tradicional.

Cerveza artesanal

En los últimos años, la producción de **cerveza artesanal** ha experimentado un notable auge en la Comunidad Valenciana, con muchas microcervecerías locales que elaboran cervezas de alta calidad y sabor único. Estas cervezas, elaboradas de manera tradicional, utilizan ingredientes locales como el agua de manantial, la cebada y los lúpulos, y muchas veces se inspiran en los sabores y aromas mediterráneos.

Variedades destacadas

1. **Cerveza Pale Ale:** Suave y afrutada, ideal para los días de calor.
2. **Cerveza de trigo:** Refrescante y ligera, con notas cítricas y especiadas.
3. **Cerveza negra:** De sabor profundo y tostado, perfecta para acompañar platos más contundentes.

Conclusión

La gastronomía valenciana es mucho más que una sencilla colección de recetas: representa una identidad cultural profundamente arraigada en su historia, su geografía y su gente. Desde los fértiles arrozales de la Albufera hasta los huertos que producen los cítricos más jugosos, cada ingrediente cuenta una historia de esfuerzo, tradición y conexión con la tierra. El arroz, pilar fundamental de su cocina, se combina con mariscos frescos, carnes locales y vegetales de temporada para crear platos que trascienden el tiempo y las generaciones.

Los utensilios tradicionales, como el mortero, la paella o las cazuelas de barro, no son meras herramientas, sino auténticos emblemas de la tradición culinaria de la región. Su uso perpetúa técnicas ancestrales que garantizan que cada plato conserve su autenticidad y sabor original, siendo además un reflejo de la artesanía y el ingenio popular valencianos.

Preservar este patrimonio culinario no solo es un homenaje a las generaciones que han mantenido vivas estas tradiciones, sino también una responsabilidad hacia el futuro. Cada vez que preparamos un plato típico valenciano, estamos participando en una cadena de transmisión cultural que conecta el pasado con el presente y proyecta su legado hacia el mañana. Cocinar y disfrutar de estos platos es una forma de mantener vivo el espíritu de la Comunidad Valenciana y compartirlo con quienes nos rodean.

Te invitamos a que te sumerjas en esta riqueza gastronómica con curiosidad y pasión. Explorar los secretos de un ingrediente o descubrir las historias detrás de un utensilio tradicional puede transformar tu experiencia en la cocina y hacer que cada preparación sea única. La gastronomía valenciana no es solo alimento para el cuerpo, sino también para el alma, un recordatorio constante de que las tradiciones más simples pueden ser las más valiosas.

Al final, la verdadera esencia de la cocina valenciana reside en su capacidad para unir a las personas en torno a una mesa, celebrando los sabores, las historias y la alegría de compartir.

Bibliografía

Gimeno, Pep. *Chufas y horchata: historia y cultura.* Valencia: Editorial Tres i Quatre, 2015.

Marqués, Vicente. *El arroz de Valencia: historia y tradición.* Madrid: Alianza Editorial, 2017.

Martínez, José. *El recetario de la fideuá.* Valencia: Editorial Universitaria, 2018.

Miralles, Evarist. *La cocina de l'arròs a Castelló.* Benicarló: Onada Edicions, 2019.

Muñoz, Juan. *La cocina valenciana.* Valencia: Ediciones Políglota, 2003.

Envió Soví. *Llibre de Sent Soví.* Traducción y notas de Rudolf Grewe y José María Villalba. Barcelona: Editorial Barcino, 2005.

Wright, Clifford A. *La cocina mediterránea.* Barcelona: Tusquets Editores, 2008.

100 valencianos inmortales

Alejandro Alcalá

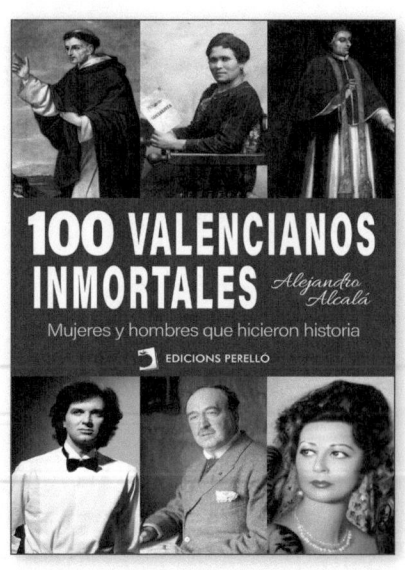

No se puede hablar de la historia de valencia sin nombrar a aquellos que la hicieron grande. Desde Valentia Edetanorum, con los romanos, pasando por Balansiya, con los musulmanes, hasta la Valencia que conocemos hoy. Todas las épocas han sido marcadas por personas que han hecho que hoy Valencia esté donde esté.

En este libro presentamos, ordenados cronológicamente, a los valencianos y valencianas inmortales, los hombres y mujeres que dejaron una huella en la historia y por eso alcanzaron la deseada inmortalidad. Nombres imperecederos, obras que han influido en lo que somos.

I.S.B.N.: 978-84-10227-94-1

EDICIONS PERELLÓ